Carl Eduard Pax, Hoffmann von Fallersleben

44 Kinderlieder - Nach Original- und Volks-Weisen mit

Klavierbegleitung

Carl Eduard Pax, Hoffmann von Fallersleben

44 Kinderlieder - Nach Original- und Volks-Weisen mit Klavierbegleitung

ISBN/EAN: 9783743464575

Hergestellt in Europa, USA, Kanada, Australien, Japan

Cover: Foto ©Thomas Meinert / pixelio.de

Weitere Bücher finden Sie auf **www.hansebooks.com**

Vier und vierzig Kinderlieder

von

Hoffmann von Fallersleben.

Nach Original- und Volks-Weisen

mit Clavierbegleitung.

Herausgegeben

von

Carl Eduard Pax.

Preis ½ Thlr. — 15 Sr. Cour. Rg. — 54 kr. Rh.

Nebst einem alphabetischen Inhaltsverzeichnisse aller drei Sammlungen

Leipzig,

Verlag von Wilhelm Engelmann.

1862.

Inhaltsverzeichniß aller drei Sammlungen.

I. Samml. Funfzig Kinderlieder von H. v. F. Nach Original- und bekannten Weisen mit Clavierbegleitung von Ernst Richter. Wesel, G. Bagel's Verlag (Sechste und Schlußheft) 1843.

II. Samml. Funfzig neue Kinderlieder von H. v. F. Nach Original- und bekannten Weisen mit Clavierbegleitung von Ernst Richter. Mit Beiträgen von Marr, Frh. Mendelssohn-Bartholdy, Otto Nicolai, G. H. Rösiger, Robert Schumann und Louis Spohr. Mannheim bei Heinrich Heckenmann 1845.

III. Samml. Dreißig neue Kinderlieder von H. v. F. Nach Original- und Volksweisen mit Clavierbegleitung. Herausgegeben von Carl Elenck Baz. Neue verbesserte Ausgabe. Leipzig bei Wilhelm Engelmann 1862.

	S. Nr.
Abend wird es wieder	II. 47.
Ach, weil' ich doch heut gründen	I. 34.
Ade, wie es gerne hat	I. 5.
Auf sitt in stiller Nacht	I. 9.
Auf unser Feld ein Mäuschen war	II. 37.
Auf unser Blick gehet weit	I. 14.
Auf einen grünen Zweigen	III. 14.
Bald fällt von diesen Zweigen	I. 37.
Bist du da? bist du da?	II. 28.
Da Frühling hat es angefangen	I. 46.
Der Frühling kehret wieder	I. 45.
Der Kuckuk hat gerufen	III. 35.
Der Kuckuk und der Esel	I. 11.
Der Schnee ist zerronnen	II. 49.
Der Gott ist zugefloren	II. 44.
Der Sonntag ist gekommen	I. 31.
Der Winter ist gar schaurig	III. 32.
Der Winter ist wieder vergangen	II. 8.
Die Lerche ist ausgeflogen	II. 39.

Die Lerche fängt, der Kuckuk lauet	I. 28.
Die Sonne hat im vollen Pracht	III. 13
Die Sterne sind erhähen	II. 46
Die Nacht bricht gar fühe	II. 21.
Dort droß auf den Uhr	III. 33.
Dort unter den schattigen Linden	III. 29.
Es Nach mit den füchten Blüten	III. 27.
Ein lieblicher Stern	I. 28.
Es will mich fragen, frage	II. 34
Eben fast die Sonne nieder	III. 34.
Eben wann der Morgen graut	III. 25.
Es, was blühet so briunlich am Sonnenstrahl?	III. 1.
Es, was kann weit schauer sein	III. 13
Ein Leben weit's im Schrank	II. 26
Ein Rämslein steht am Wege	II. 32.
Ein Steinbaum krock am Weg gruen	II. 10.
Ein süßArgel Blick, ein klames Gewetz	I. 27.
Ein Zäuchen säg vom Himmelszeld	I. 27.
Ein Bogel saß im Walde	III. 30

	S. Nr.
Es rücket ein kleines Blümlein	I. 40.
Es kommet der Bogel Bebrind	II. 3.
Es liegt ein Berg im Meere	I. 8.
Es saget in dem Oden	I. 35.
Es wollet ein Knabe früh' entschlafen	I. 7.
Fern auf der Heimath Land	III. 6.
Fern, fern, fort und fort	II. 31
Frisch, ihr Brüder auf Heiter	II. 12
Frisch, tummle' Dich, tummle Dich, Stoffel	I. 25.
Frühling spricht zu der Nachtigall	III. 10.
Geht ein Strom fort in dem Wiesentand	II. 27.
Gräben gung ich in den Wald hinaus	II. 16.
Gutmorder, sag' mir Butterd du	I. 6.
Grüner Schimmer zweiet wieder	III. 37:
Habt ihr ihn wohl nicht vernommen?	II. 7.
Hein leinlein, weißt du langes	I. 34
Herr Better zieg am Wasser	I. 15
Heiße, ich bin der fröhliche Mann	III. 36.
Heiße lustig im sonnigen Walden	III. 11.

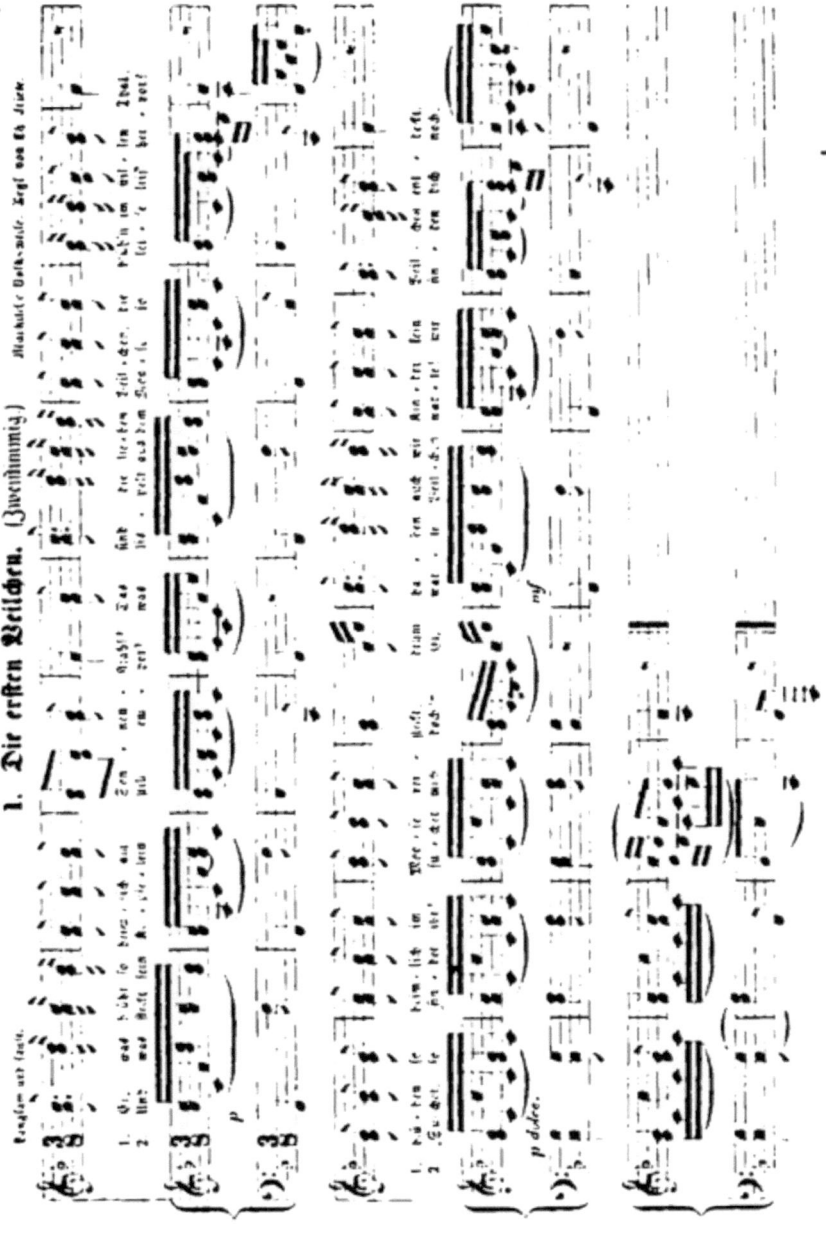

1. Die erften Beilchen. (Zweiftimmig.)

2. Maifest.

Munter. Das 2. Mal Alle.

Volksweise. Begl. von C. E. Pax.

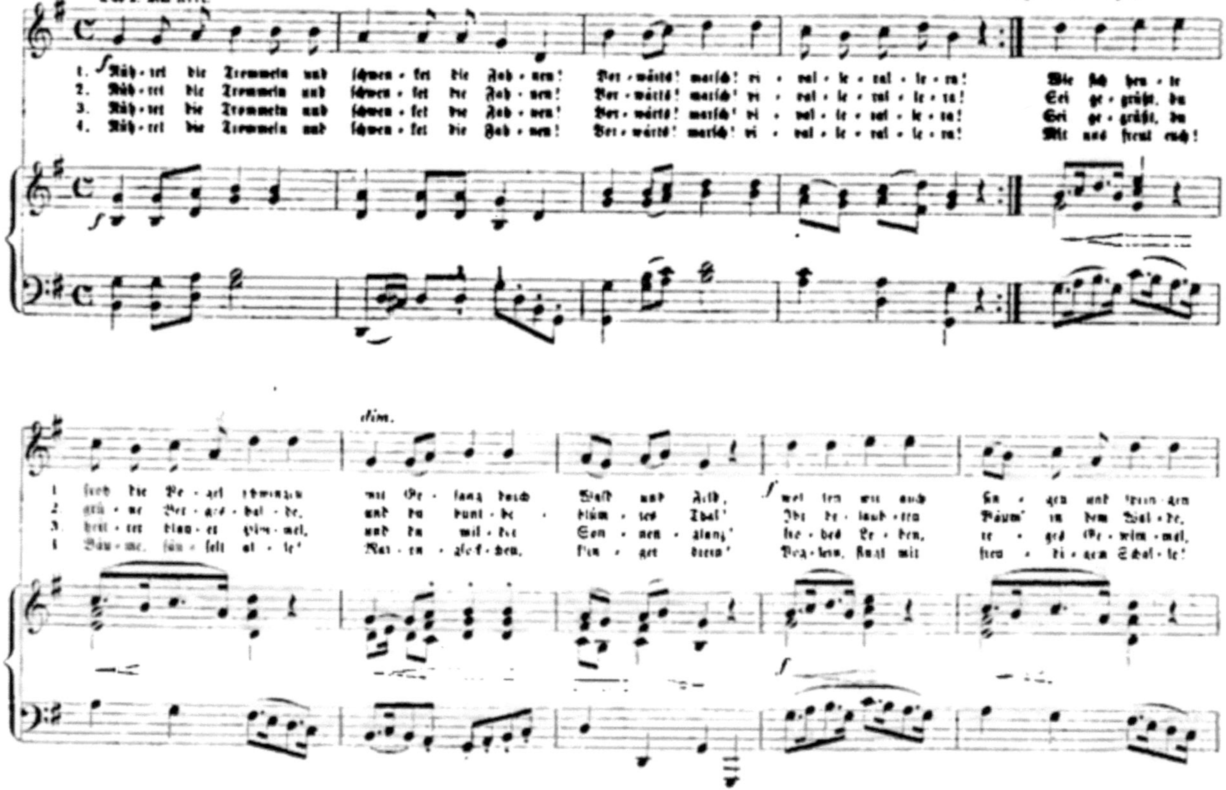

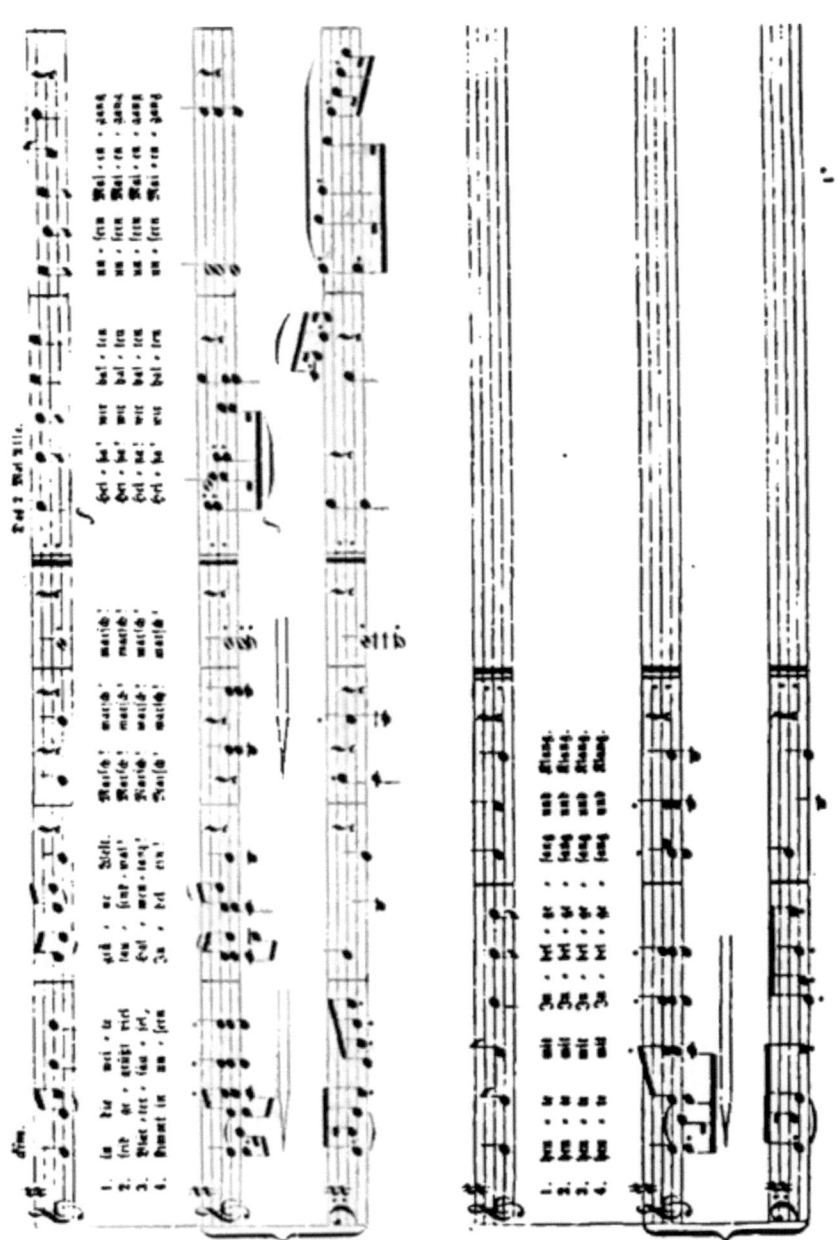

4. Kuckuk der Spielmann.

Munter.

W. A. Mozart.

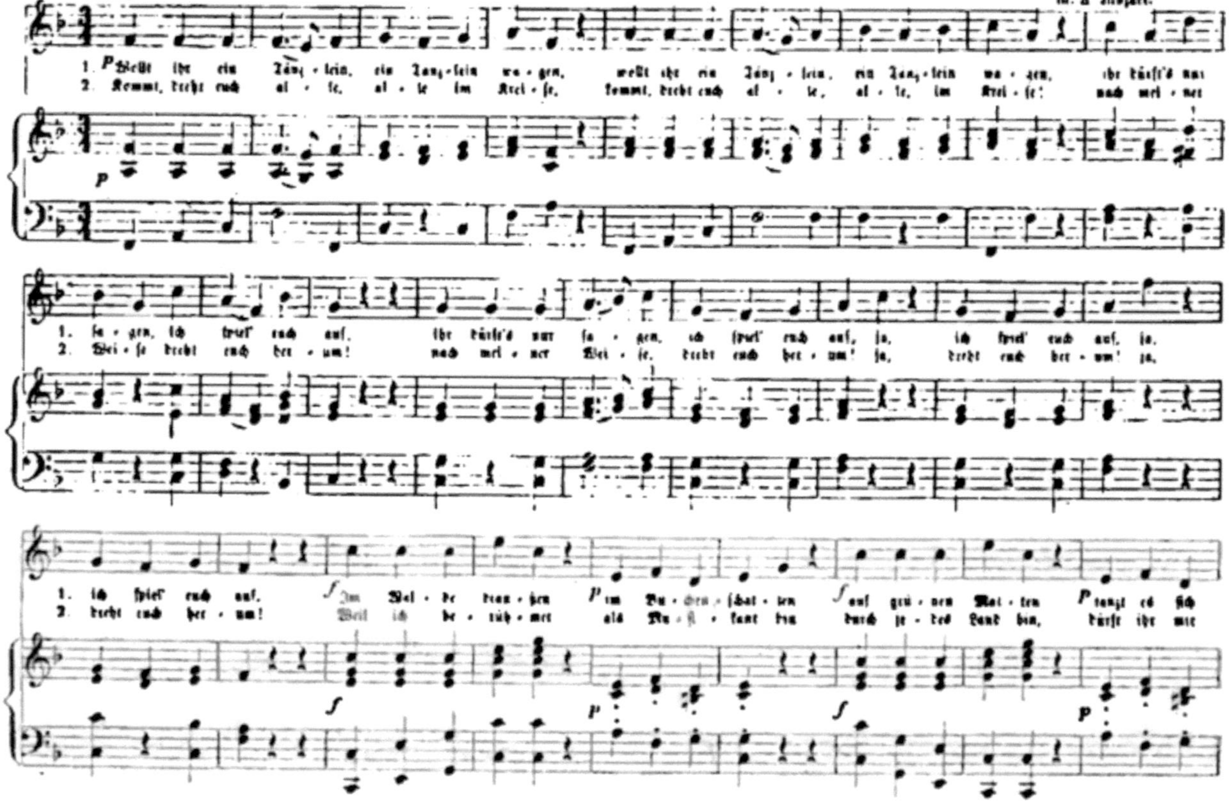

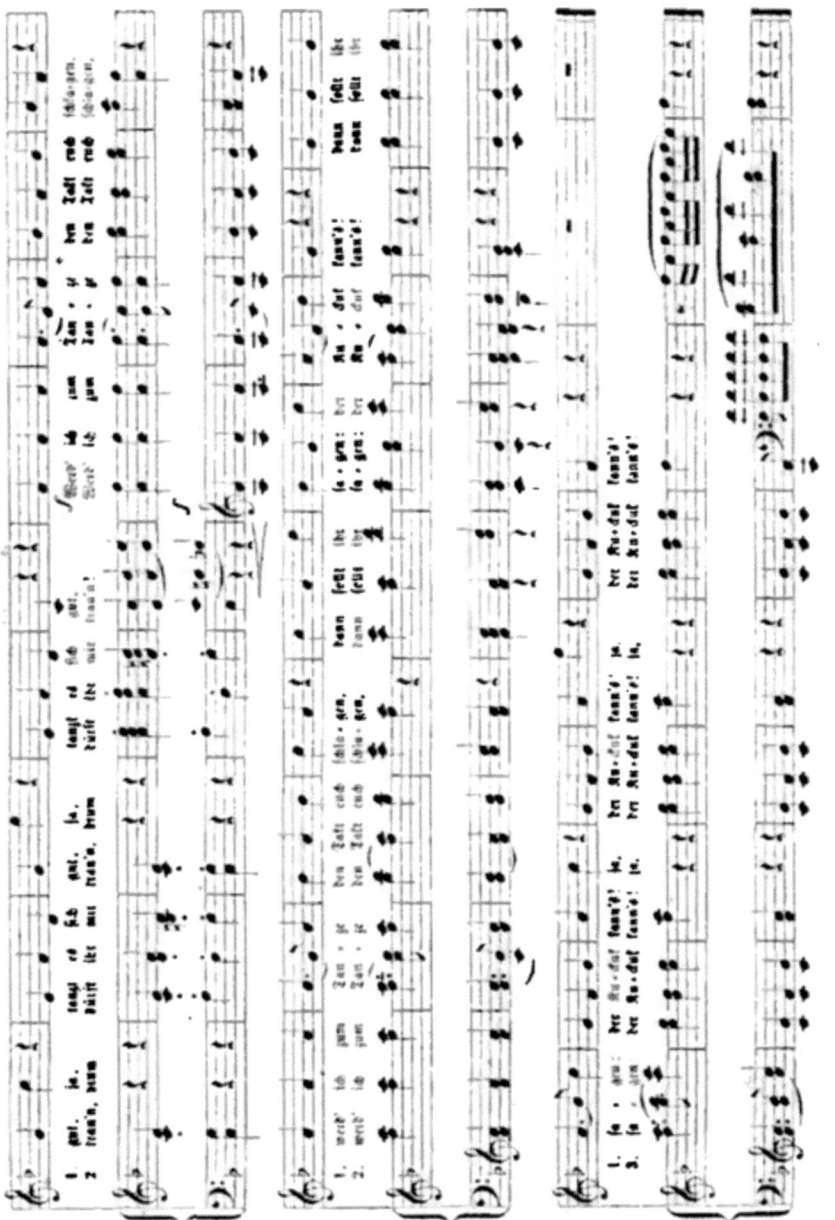

5. Bewegung.

Volksweise. Text von C. C. Paz.

Munter, doch nicht zu schnell.

6. Die fremde Blume.

Volksweise. Begl. von C. E. Fer.

Schweizer-Volksweise. Begl. von C. C. Bbr.

1. Vö - ge - lein, was suof - gest bu? mer - dreit bu? das mer - dreit bu? se lebt?
2. Vö - ge - lein, was sla - gest bu? mer - dreit bu? das mer - dreit bu? se lebt?
3. Vö - ge - lein, was sla - gest bu? mer - dreit bu? das mer - dreit bu? se lebt?

1. Im Tan - nen Wäld nag ich nicht sein, ich in der Stub unt Gra - sen - chen Da - rum, ba - rum med - tu ich.
2. Im Ber - gel ob - berg lie - der mir mein Stal - terr lie - der deß als dier Da - rum, ba - rum med - tu ich.
3. Aber ist es mir ja rog ju freut ich fann in diti's net froh - deß sein Da - rum, ba - rum med - tu ich.

8. Der Blumen Bitte.

9. Das Füchslein.

Ziemlich rasch.

Volksweise. Begl. von C. C. Voc.

leggiero.

Unbekannter Verfasser. Tonsatz von C. C. Dr.

Volksweise. Begl. von C. C. Vec.

12. Hafenbrot. (Zweistimmig.)

Maria Rabholes Lagl. von E. C. Pr.

18. Der liebe Mond.

Joh. Friedr. Reichardt.

14. Das verwüstete Dorf.

15. Mein Gärtchen.

Volksweise. Ausf. von C. C. Pek.

Nicht zu geschwind.

16. Schlafe, mein Bübelein!

17. Mariechen zum Geburtstage ihres Vaters.

Mel. von Maria Nathusius. Begl. von C. C. Pa.

18. Der Reitersmann.

Mel. v. Maria Leipelen. Arrg. von C. Pet.

20. O Mänschen!

21. Freud und Leid.

24. So geht's in der Welt!

Süddeutsche Volksweise. Arr. von C. C. Dez.

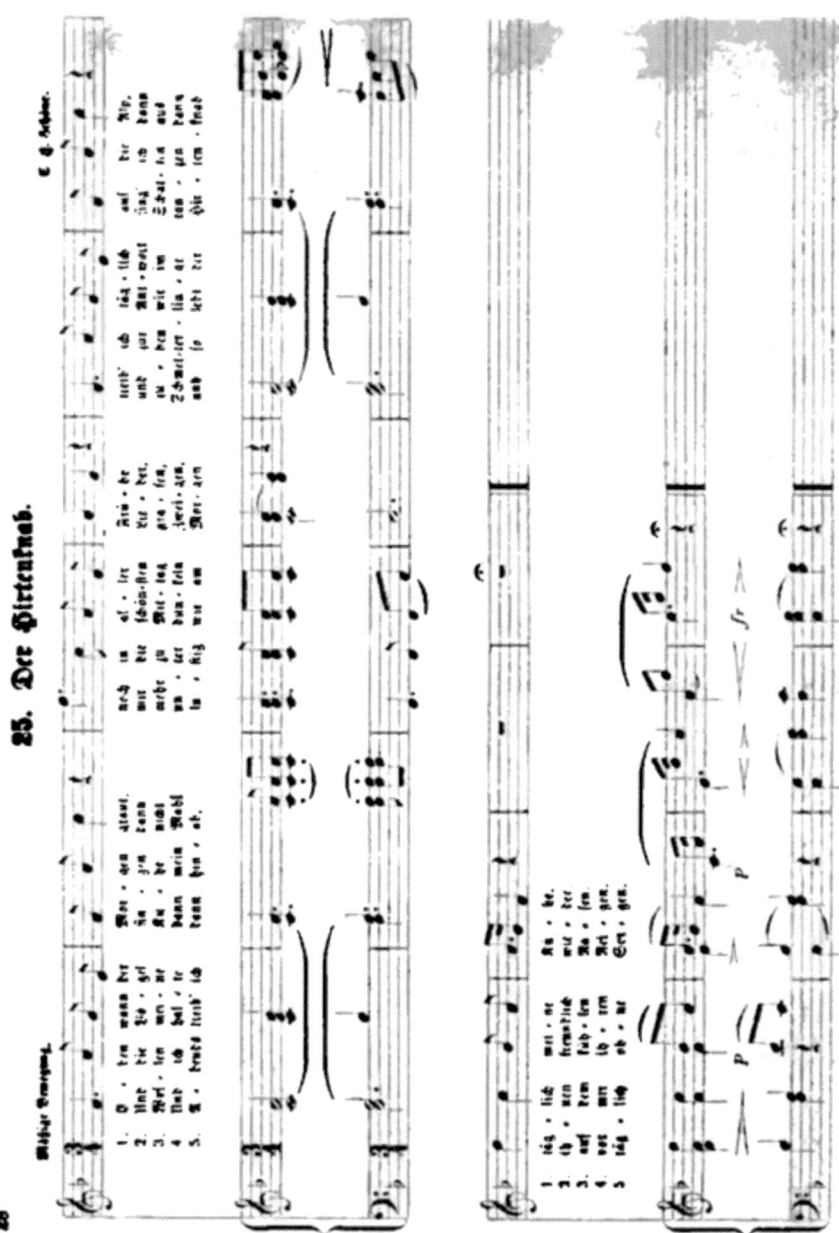

25. Der Hirtenbub.

26. Unsre lieben Hühnerchen.

27. Der böse Bach.

28. Vögleins Frage. (Zweistimmig.)

Keck.

Mel. von H. v. L. Begl. von C. C. Pax.

29. Der Mutter Grab.

Lied von Emil Zerckan. Text von C. C. Pet.

langsam.

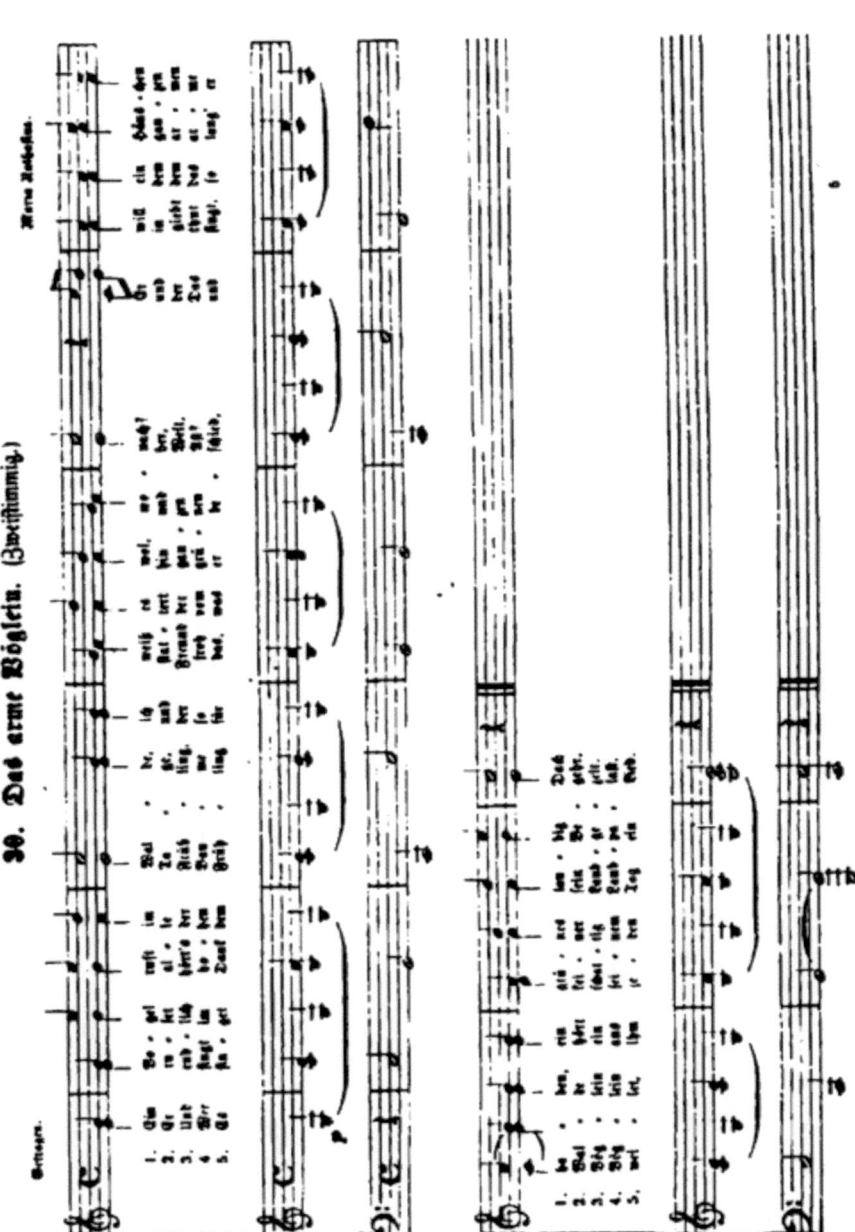

81. Abschied der Zugvögel.

32. Der Feind der Armen.

33. Der Hirtenknabe.

34. Der Sommerabend.

Melodie von W. A. Mozart

35. Des Kukuks Ruf. (Zweistimmig.)

Mel. von keinem Müller. Begl. von C. C. Vet.

1. Der Ku-kuk hat ge-ru-fen, Nun lebt und treibt sich frisch!
2. Der Ku-kuk hat ge-ru-fen, er ruft und lässt nicht von Haus,
3. Der Ku-kuk hat ge-ru-fen, und wer's nicht bis-sen mag,

Er rü-hret und den Früh-ling mit frischem Gra-sen
mit lei-ten jetzt spa-zie-ren, den Gras-grün Hau-
für den ist grün ge-wor-den, den Wald kein Blatt

schein, uns Gras-sen mit frischen Gra-sen
aus, Wald-heim fein, gram grü-nen fein
Haz, Blatt und Blatt kein frich nein

Ku - kuk!
Ku - kuk!
Ku - kuk!

*Tel.

poco riten.

p dolce.

dim.

Ped.

36. Der fröhliche Mann.

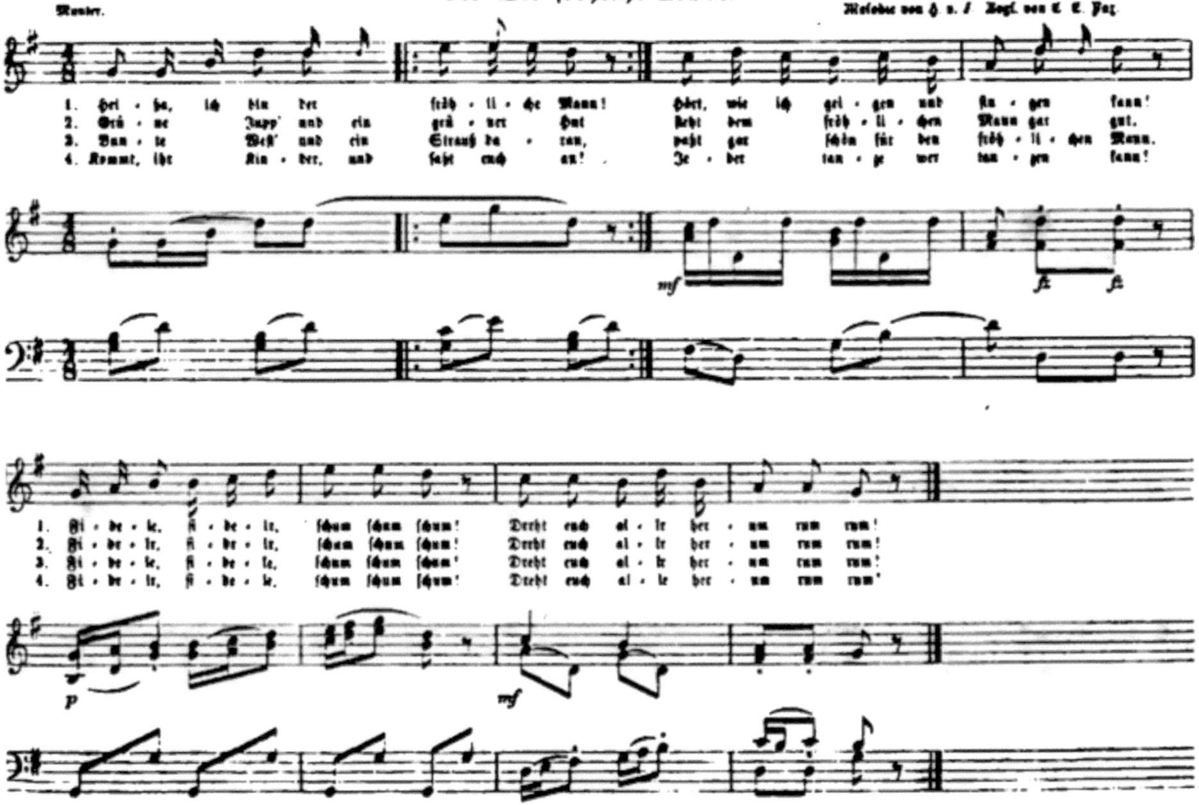

27. Frühlings Ankunft.

Vestimmte Dieße von Marie Natsheim.

Piano.

1. Grüß euch Gott, ihr frohen Sänger...
2. Seht, die Sonne lacht so golden...
3. Wir sind Frühlings Sänger, wir...

p

28. In der Fremde.

Schumann.

30. An den Mond. (Zweistimmig.)

40. Den Blumen Fried und Ruh'.

42. Wald, lieber Wald.

44. Frühlingsjubel.

Melodie von W. A. Mozart.